AF253820

ÉLOGE DU CARDINAL GOUSSET,

ARCHEVÊQUE DE REIMS.

ÉLOGE

DU

CARDINAL GOUSSET,

ARCHEVÊQUE DE REIMS,

PRONONCÉ

DEVANT L'ACADÉMIE DES SCIENCES, BELLES-LETTRES ET ARTS DE BESANÇON,

Dans sa séance publique du 28 janvier 1867,

PAR M. L'ABBÉ BESSON,

SUPÉRIEUR DU COLLÉGE SAINT-FRANÇOIS-XAVIER.

ÉBESANÇON,

TURBERGUE, LIBRAIRE-ÉDITEUR,

RUE SAINT-VINCENT, 39.

1867.

ÉLOGE DU CARDINAL GOUSSET,

Messieurs,

La mort si inattendue du cardinal Gousset a mis en deuil la France et l'Eglise. Dans cette douleur commune, l'Académie de Besançon comprend trop bien la perte qu'elle vient de faire pour ajourner à une autre séance l'expression de ses regrets et l'éloge de l'illustre défunt. Vous avez souhaité d'entendre parler de lui ; je me rends à vos pieux désirs. S'il ne m'est pas donné de l'honorer comme il le mérite en disant assez dignement le bien que vous en pensez, je me rassure du moins en songeant que ce grand prélat fut aimé de tout le monde. Vos sentiments seront mon excuse. A cette heure même où j'entreprends cette lecture, je sens, à votre attention et à votre recueillement, qu'à défaut de vos suffrages pour mon discours, toutes vos sympathies sont gagnées d'avance à mon sujet.

A la fin du xviiie siècle, vivaient à Montigny deux époux chrétiens qui possédaient quelques arpents de terre et qui en tenaient d'autres à bail de l'antique et florissante abbaye de Cherlieu. Thomas Gousset et Marguerite Bournon eurent treize enfants. Le 1er mai 1792, jour où naquit le neuvième, ils durent cesser de compter, pour élever cette nombreuse famille, sur un cloître dont tout le pays vantait la munificence, car l'abbaye de Cherlieu venait d'être fermée, et le nouveau-né n'eut pour patron dans l'Eglise que le saint dont il reçut le nom. Cet enfant, qui fut appelé Thomas au baptême, devint le cardinal Gousset.

Ses premières années, troublées par les excès de la révolution, s'écoulèrent à la vue des croix proscrites et des églises changées en magasins. Employé de bonne heure aux travaux des champs et, selon l'usage du pays, à la garde des chevaux, ce fut dans la prière qu'il apprit à parler et dans le catéchisme qu'il apprit à lire. La foi de sa mère n'avait point pâli dans les jours de la persécution. Fallait-il cacher un prêtre ou le faire évader, sa charité égalait son intelligence. Ou bien, le dimanche venu, quand on avait dressé un autel dans un coin de cette maison hospitalière et procuré aux chrétiens du voisinage la grâce, alors si rare, du saint sacrifice, elle mettait en défaut la police du lieu et veillait sur l'assistance aussi bien que sur le prêtre avec une charité dont le succès fut la première récompense. Un jour que la messe se célébrait dans une ferme écartée, elle prit Thomas par la main et le mena avec elle. Laissez l'enfant pénétrer, avec une curiosité qui n'exclut pas la discrétion, dans cet asile qu'on n'ouvre encore qu'en tremblant. Le prêtre, les vêtements sacerdotaux, l'autel, les cierges, les cérémonies saintes, l'air mystérieux qui règne autour de lui, tout frappe ce chrétien qui n'a pas huit ans. Il sort pensif et recueilli, disant assez haut : « Et moi aussi je serai prêtre. » Avouons sans détour ce trait de naïve ambition qui date du Directoire. Ce n'était guère alors que l'ambition de la prison ou de l'exil.

Le concordat rendit au petit paysan de Montigny les pompes du culte qu'il aimait, et le désir du sacerdoce grandit en lui avec le désir de l'étude. Quelques livres que lui prêtait le curé de l'endroit, satisfaisaient à peine à l'insatiable avidité de son esprit, mais les premières notions de latin lui manquaient encore. Malgré ces difficultés, il ne songeait qu'à s'instruire. « Mettez du pain dans votre poche, » lui disait sa mère en l'envoyant au champ. « Je n'ai pas de place, répondait-il, mes poches sont pleines de livres. » Il demande à entrer au collége, ses parents s'y refusent; il insiste, on l'ajourne; il redouble d'instances, on hésite devant l'énorme sacrifice de temps et d'argent qu'exigeait, ce semble, une vocation ecclésiastique. Il avait un oncle qui avait fait profession dans l'ordre de saint François et que la tourmente révolutionnaire avait ramené au milieu des siens. Le P. Pacifique, loin d'encourager son neveu, s'opposait tout le premier à ses goûts studieux. Il disait à sa mère : « Thomas ne fera rien, gardez-vous bien de l'envoyer à l'école. » Repoussé de tout le monde, le jeune berger s'adresse à Dieu et le conjure de gagner sa cause. Il pria trois ans sans rien obtenir, le chapelet à la main, un œil sur ses chevaux qui pâturaient dans la prairie, l'autre sur ses livres. Enfin, prenant un grand parti, il en instruisit ses parents

en ces termes : « Si vous ne m'envoyez pas au collége, je partirai pour la
» Suisse. Là je ferai mes études gratuitement, mais vous ne me reverrez
» plus. » Il fallut céder à tant de sollicitations. Au mois d'octobre 1809,
une de ses sœurs vient le trouver aux champs pour lui annoncer qu'il
apprendrait le latin. Thomas avait dix-sept ans. A cette nouvelle, il ne
se sent plus de joie, court à la maison, met ses habits de dimanche,
obtient de partir le jour même, et s'assied le lendemain matin sur les
bancs de l'école d'Amance.

Représentez-vous une modeste institution de village, tenue par le curé
et qui comptait cinquante élèves, dont trente - cinq pensionnaires.
Le nouvel écolier, malgré son zèle, n'eut d'abord que des ennuis et
même du dégoût. Mais Dieu, qui lui avait donné une mère excellente, lui
avait ménagé à l'école d'Amance un excellent maître. L'abbé Busson,
de sainte mémoire, y était tout à la fois professeur et surveillant, et ne
se délassait des travaux de l'enseignement que par les soins de la discipline. Pour lui, le jour n'avait point de trève, et la nuit presque point de
repos. Sa sollicitude paraissait quelquefois un peu inquiète, mais elle ne
cessait jamais d'être paternelle, et comme il se conciliait aussi aisément
l'affection que le respect, il faisait régner dans son école la liberté qui
ouvre les cœurs avec l'ordre qui forme et qui assouplit les volontés.

Les pensionnaires qui composaient ce petit collége vivaient à une table
commune, chacun avec le pain qu'il recevait de sa famille. La table était
frugale, mais la récréation joyeuse, la gaieté franche, l'amitié parfaite. Le maître enseignait, dans la même classe, aux uns les éléments
du latin, aux autres l'art de faire des thèmes difficiles et de traduire
Tacite. M. Gousset s'était fait remarquer par son aptitude à enseigner le
catéchisme, et par son goût prononcé pour la logique bien plus que pour
les langues. Malgré la médiocrité de ses études, il prit d'emblée le grade
de bachelier au mois d'août 1812. Dieu me garde de le comparer aux
gradués de nos jours! Il ne savait ni grec, ni physique, ni histoire, et
possédait assez mal le latin et le français. Les diplômes du bon vieux
temps n'étaient pas, comme aujourd'hui, des certificats d'études finies :
on ne couronnait alors que l'espérance ; mais, par compensation, au
sortir du collége, on ne croyait pas tout savoir sous prétexte qu'on avait
entendu parler de tout, et au lieu de fermer ses livres avec ce dégoût
que donne la culture à la fois hâtive et forcée d'une intelligence que l'on
torture sans l'élever et qu'on épuise sans la mûrir, on passait de l'enseignement secondaire à l'enseignement supérieur avec une bonne santé,
un grand désir de s'instruire et un véritable amour du travail. Ni

l'homme ni le savant, quoi qu'on en dise, ne se formeront jamais au collége. Bornons notre ambition à faire de bons écoliers, sous peine de n'avoir un jour que des avortons.

L'exemple de l'abbé Gousset démontre avec la dernière évidence la vérité pratique de ces réflexions. A vingt ans, il fait profession de ne pas savoir grand'chose, mais son jugement déjà est sûr, son caractère résolu, sa volonté énergique. Il veut devenir prêtre, et, s'il le peut, prêtre savant. Dès son entrée au séminaire de Besançon, à la fin de l'automne de 1812, ce dessein se révèle tout entier. Sa voix est rude, sa tenue négligée, sa figure moitié sérieuse, moitié vulgaire. Mais qu'on le regarde de plus près, cette chevelure vigoureuse, ce front large, ces sourcils noirs et épais, cet œil pénétrant, cette contenance ferme qui tient du soldat et du laboureur, ont quelque chose qui sent déjà la supériorité. Qu'on l'interroge surtout, sa physionomie s'anime, sa parole, à la fois correcte et précise, commande l'attention ; les quatre ou cinq cents jeunes gens qui l'entourent se tournent vers lui, d'abord avec surprise, puis avec sympathie, et enfin avec une admiration qu'on ne déguise plus. En quelques mois, la voix publique le met au premier rang ; mais, par un bonheur égal à son mérite, une noble émulation ne cessera de lui disputer cette place. Nommer ses condisciples, c'est nommer, pour ainsi dire, l'épiscopat français. Mgr Guerrin, évêque de Langres, et Mgr Doney, évêque de Montauban, l'avaient précédé d'un an à peine sur ces bancs qui devaient être un jour couverts de tant de gloire. Mgr Gerbet, évêque de Perpignan, l'y suivit ; M. l'abbé Blanc, M. l'abbé Waille, le P. Ferrand, furent ses émules pendant toute la durée de son cours. Quelle prodigieuse réunion de jeunes vertus et de lumières naissantes ! Avec quel plaisir leurs maîtres les mettaient aux prises dans les argumentations de chaque semaine et dans les compositions qui couronnaient l'année scolaire ! Ces maîtres eux-mêmes faisaient autorité en théologie. Après M. Receveur et M. Loye, dont le jeune Gousset reçut les dernières leçons, il vit la chaire de dogme occupée par M. Busson, et la chaire de morale par M. Vernier. On aimait dans M. Vernier la science pratique, l'expérience du ministère pastoral, la longue habitude de sonder les consciences et de discerner la lèpre de la lèpre, en un mot, tout ce qui constitue le moraliste judicieux et profond ; dans M. Busson, une instruction solide et variée, une exposition claire et méthodique, une diction noble et simple, et l'art d'intéresser tout le monde en encourageant les plus timides et les plus lents, comme en excitant les plus laborieux et les plus forts. Quand ces deux grands maîtres, se communiquant leurs impressions, essayaient de caractériser l'esprit de leurs disciples, ils trouvaient dans M. Doney plus de subtilité et de finesse, dans M. Guerrin plus de noblesse et de gravité, dans M. Gerbet plus de style et de poésie, dans M. Gousset plus d'autorité et de science. M. Gousset présidait les académies et servait de répétiteur aux nouveaux. « Il m'a appris à apprendre, » disait un de ses condisciples qui garda de ce charitable service une longue reconnaissance. Ainsi il enseignait déjà les autres quand il était encore sur les bancs de l'école. Il était né docteur, car le docteur naît autant qu'il se forme, et l'on n'enseigne bien qu'à condition de posséder, outre la science acquise, le don naturel de la transmettre. A la doctrine M. Gousset joignait la piété. Ce n'était pas, j'en conviens, cette émotion expansive qui attire au dehors toute la séve de la foi, et qui se répand avec une certaine complaisance en longues oraisons, mais une religion vraie, sincère, profonde, pour qui tout est prière, les leçons, les argumentations, les livres, les veilles studieuses, parce que tout se rapporte à Dieu et à l'Eglise. Il fut dès lors ce qu'il a été toute sa vie, un ecclésiastique de la vieille marque et de l'ancienne trempe.

Cette forte éducation théologique ne fut pas même interrompue pendant le blocus de Besançon, par l'éclat des bombes qui tombèrent sur la ville à plusieurs reprises. Le jour, M. Gousset ne voyait que ses livres, tant son application était soutenue ; la nuit, il n'entendait rien, tant son sommeil était profond. L'invasion interrompit les cours du séminaire, mais non les études du séminariste. Il revint au premier signal et se prépara aux ordres sacrés, car Mgr Lecoz lui avait déjà donné la tonsure et les moindres. Pendant la longue vacance du siége qui suivit la mort de ce prélat, Mgr Tobie Jenni, évêque de Lausanne, et Mgr de Latil, évêque d'Amyclée *in partibus*, furent appelés par le vicaire capitulaire pour conférer l'ordination. M. Gousset reçut du premier le sous-diaconat le 22 octobre 1816, et du second le diaconat et la prêtrise. Quand Mgr de Latil lui imposa l'onction sacerdotale, le 22 juillet 1817, il sacrait, sans le savoir, son successeur à l'archevêché de Reims.

Ce fut à Lure que débuta le jeune prêtre : là il remplissait pendant la semaine les fonctions de vicaire, et chaque dimanche il allait célébrer les offices dans la paroisse de Bouhans. Cette double tâche ne l'empêcha pas de répéter jusqu'à quatre fois, en moins d'un an, tout son cours de théologie. Affable avec tout le monde, il se concilia tous les suffrages ; le plus difficile à conquérir était peut-être celui de son curé, M. Bouvier, qui avait appartenu au clergé constitutionnel. M. Bouvier avait reçu son vicaire avec défiance, il le vit partir avec regret, après neuf mois de vie commune et d'agréables relations. Prêtres et laïques, tous ceux qui l'ont connu à Lure prétendent avoir deviné déjà son rare mérite et sa haute fortune. Quand il fut appelé, au mois de juin 1818, aux fonctions de professeur de théologie, le sous-préfet de l'arrondissement écrivit à l'autorité diocésaine : « Vous nous enlevez M. Gousset, c'est un malheur qu'il nous a mérité en faisant parmi nous trop de bien. Une pensée seulement nous console, c'est que vous lui procurez le moyen d'en faire encore davantage sur un plus grand théâtre, et qu'avec l'ordre, tel qu'il l'a disposé à Lure, l'œuvre devra marcher d'elle-même pour ceux qui viendront après lui. »

M. Busson venait de quitter sa chaire de dogme et il s'était donné M. Gousset pour successeur. L'élève valait le maître, et je ne saurais faire d'eux un plus bel éloge, car aucun de ceux qui ont entendu leurs doctes leçons n'eût osé dire lequel des deux méritait la palme :

Ambigitur quoties uter utro sit prior.

On les admirait, on ne les jugeait pas. M. Gousset avait en partage les dons de l'enseignement : clarté, intérêt, autorité, grandeur, il réunissait tout : la clarté qui frappe l'esprit, l'intérêt qui l'attache, l'autorité qui le subjugue, la grandeur qui l'élève au-dessus de lui-même. Il plaisait par la simplicité de sa méthode aux moins capables; il passionnait les curieux et les ardents en présentant toutes les questions sous un aspect propre à les attirer et à les séduire; il ouvrait aux plus hardis les perspectives de la haute théologie; enfin il ne laissait à personne ni difficulté ni doute, tant il imposait par le ton aussi bien que par la science. Cette intelligence avide de connaître avait enfin trouvé son élément, et les belles facultés dont elle était douée se développaient chaque jour avec plus d'ampleur dans ces sublimes questions de Dieu, de l'âme, de la vie future, de l'incarnation du Verbe, de la rédemption du genre humain, qui seront ici-bas l'immortelle préoccupation des grandes âmes et dans le ciel leur lumineuse et éternelle jouissance. Ses disciples l'écoutaient en chaire comme l'oracle de la science, et au confessionnal comme le représentant de Dieu même; en récréation, c'était un ami et presque un égal. Personne ne craignait moins que la familiarité blessât le respect. Sans se hausser pour paraître grand, sans s'abaisser pour être agréable et facile, il lui suffisait d'être lui-même pour se trouver partout à sa place. Les directeurs du séminaire n'ont jamais rencontré dans la vie commune un confrère d'un caractère meilleur ni d'un commerce plus sûr. Au dehors comme au dedans, il n'avait que des amis. Recherché dans le monde, il y paraissait sans s'y répandre, et il y faisait le bien sans en tirer vanité. Il n'y avait point de questions délicates de philosophie, de théologie, de jurisprudence, sur laquelle les plus habiles ne se fissent un honneur de le consulter et un devoir de suivre ses avis ; disons tout d'un mot : il a éclairé et formé pendant quinze ans la conscience publique dans notre religieuse province.

Egalement propre à enseigner le dogme et la morale, également sûr de lui-même dans l'une et l'autre chaire, il quittait l'une pour l'autre, selon les besoins du moment ou les convenances de ses collègues. M. Genevay, que les anciens du sanctuaire nomment encore avec respect, partagea d'abord avec lui les fatigues de ce haut enseignement. Quand ce vénérable professeur nous eut été enlevé par la fondation du diocèse de Saint-Claude, M. Gousset eut successivement pour collègues M. l'abbé Blanc, dont l'esprit avait tant de profondeur; M. Brocard, dont l'érudition était si piquante et si variée ; M. Gaume, qui est devenu l'une des lumières du clergé de Paris; M. Faivre, qui est aujourd'hui parmi nous le dernier demeurant de cette docte phalange, et qui en représente si bien l'esprit et les traditions. Au milieu de ces hommes d'élite, M. Gousset ne s'imposait à personne, mais chacun s'inspirait de lui, et il était sans y prétendre, sans le savoir lui-même, tout le séminaire et tout l'enseignement.

L'habile professeur n'avait pas tardé à se faire écrivain. Ses premiers ouvrages furent des notes et des commentaires. Il annota et compléta, en 1823, les *Conférences ecclésiastiques du diocèse d'Angers* (1); en 1827, le *Rituel de Toulon* (2); en 1828, le *Dictionnaire de théologie* de Bergier (3); son *Explication du Code civil*, qui parut l'année suivante, le signala encore plus à l'attention publique (4). L'ouvrage, réimprimé plusieurs fois en Belgique et en France, met dans un jour éclatant les rapports de nos lois avec la théologie morale. Il eût été plus complet si l'auteur se fût

(1) *Conférences ecclésiastiques du diocèse d'Angers.* Besançon, Gauthier frères, 1823 ; 26 vol. in-12; édition réimprimée depuis en 16 vol. in-8º.

(2) *Instructions sur le Rituel*, par M. Joly de Choin, évêque de Toulon; nouvelle édition, avec notes et additions. Besançon, Gauthier frères, 1827 ; 6 vol. in-8º.

(3) *Dictionnaire de théologie*, par l'abbé Bergier, avec notes et additions. Besançon, Outhenin-Chalandre, 1828 ; 8 vol. in-8º.

(4) *Le Code commenté dans ses rapports avec la théologie morale, ou Explication du Code civil, tant pour le for intérieur que pour le for extérieur* ; 2e édition, Paris, Belin-Mandar, 1829 ; in-8º.

appliqué à démontrer combien ces lois étaient chrétiennes toutes les fois qu'elles étaient dignes d'admiration, et combien elles laissaient à désirer toutes les fois qu'elles s'éloignaient du décalogue. Parmi les lois modernes, celles qui règlent l'usure excitaient naturellement une vive discussion ; M. Gousset en fit le sujet d'une étude spéciale ayant pour titre : *Exposition de la doctrine de l'Eglise sur le prêt à intérêt* (1). Il partageait alors l'opinion d'un grand nombre de docteurs qui regardaient ce prêt comme illicite quoique légal. Rome, consultée à plusieurs reprises, déclara qu'il ne fallait point inquiéter ceux pour qui la loi civile était un titre suffisant aux yeux de la conscience. Devant cette décision, M. Gousset abdiqua aussitôt son sentiment. Ce fut l'honneur de toute sa carrière d'obéir, sans hésitation et sans retard, au moindre signe parti de l'Eglise mère et maîtresse. Il quitta tout pour la suivre, les hommes qui lui étaient les plus chers, aussi bien que les opinions auxquelles il s'était le plus attaché. Lamennais le gagna d'abord, comme la plupart des grands esprits de son temps ; il entra en correspondance avec lui, le compta parmi ses disciples et reçut sa visite à Paris en 1828. Mais si Lamennais s'égare, ne craignez rien pour notre fidèle théologien. Rome a parlé, la cause est finie. M. Gousset s'éloigne du rebelle à mesure que le rebelle s'éloigne de Rome. Son attachement était sans passion, sa rupture fut sans éclat. Il était de ceux qui ont eu jusqu'à la fin pour ce grand homme, aussi malheureux que coupable, des larmes, des prières et des espérances de retour.

Ce fut dans ce voyage de Paris que M. Gousset vit pour la première fois le duc de Rohan, nommé à l'archevêché de Besançon. Le jeune prélat, qui se défiait de Lamennais, aurait pu s'offenser d'une démarche faite pour honorer les doctrines du philosophe bien plus que sa personne ; cependant, avec cette générosité parfaite qui caractérisait sa grande âme, il n'en estima que plus la loyauté du professeur, et il conçut dès lors la pensée de l'attacher à son administration et à sa personne, en qualité de grand vicaire. Sur ces entrefaites, M. Rivière meurt, et Mgr de Rohan veut donner suite à sa pensée, tout en prenant possession de son siége. A la première ouverture, le séminaire de Besançon s'émeut de la perte qu'il va faire et conjure l'archevêque d'ajourner l'exécution de son dessein. Mgr de Rohan ne se rend qu'à moitié. Il laisse le professeur au milieu de ses élèves, mais il lui donne place dans son conseil et l'arrache pres-

---

(1) *Exposition de la doctrine de l'Eglise sur le prêt à intérêt.* Besançon, 1824 ; in-12.

que chaque jour à son séminaire pour le consulter sur les intérêts du diocèse.

L'homme d'étude peut sacrifier le jour à ses devoirs ou à ses amis ; il lui restera la nuit pour revenir à ses livres. Ce fut la destinée de M. Gousset. Tant de veilles auraient épuisé une constitution moins robuste ; elles l'altérèrent assez pour lui commander le repos et le changement d'air. Il partit de Besançon, sur l'ordre des médecins, le lendemain de Pâques de l'année 1830, et tourna ses yeux et ses pas vers la ville éternelle. On croyait qu'il voyageait pour sa santé ; son but était plus noble, il voulait retremper sa science et ranimer sa foi aux sources mêmes de la vraie doctrine et de la vraie piété. Il cheminait à petites journées, s'arrêtant dans les écoles, interrogeant les savants, s'oubliant surtout dans les bibliothèques, cherchant partout des lumières sur les questions controversées. Les professeurs de l'université de Turin enseignaient déjà des doctrines formellement condamnées par le souverain pontife ; il les écoute avec douleur, mais les leçons qu'il entend à Rome, à Florence, à Naples, le consolent de cette défection ; le cardinal Oppizoni, archevêque de Bologne, le prend sous son patronage et le présente au pape comme un écrivain savant et un zélé défenseur du saint-siége ; enfin Pie VIII lui ouvre ses bras et son cœur. A peine sorti de cette audience, il va s'agenouiller près de la Confession de saint Pierre et promet, sur le tombeau des apôtres, si Dieu lui rend la santé, de consacrer le reste de sa vie à la défense de la théologie morale de saint Liguori, de la papauté et de l'Immaculée Conception de la sainte Vierge. Plein de confiance dans ce triple vœu, enhardi par les encouragements qu'il a reçus, il reprend la route de France, non-seulement avec une santé raffermie, mais avec des vues plus grandes, un cœur plus généreux et des convictions plus inébranlables que jamais. Si c'eût été encore la mode de donner aux docteurs un titre qui caractérisât leur génie, c'est maintenant plus que jamais qu'on aurait pu l'appeler le *docteur résolu*.

Cependant la révolution de Juillet, dont il apprit à Genève les principaux détails, ne le laissait pas sans appréhension. Besançon était, sinon troublé, du moins fort ému par l'installation du nouveau pouvoir ; le cardinal de Rohan, n'ayant pu y rentrer, cherchait un asile en Suisse ; les bruits les plus absurdes s'accréditaient contre le clergé, et les plus honnêtes gens n'osaient encore se promettre de réprimer l'insolence de l'émeute. M. Gousset avait dû quitter sa soutane pour ne point l'exposer à l'insulte. C'était le 10 août : en se présentant aux portes de la ville, il trouve le drapeau tricolore sur les murs et deux sentinelles à la porte ;

se nomme aussitôt, passe sans peine, et remonte le jour même dans sa chaire. Ce fut dans ces circonstances difficiles que votre compagnie lui ouvrit ses portes. Dès qu'il fut permis à l'Académie de Besançon de se réunir, le 28 janvier 1831, elle appela deux prêtres dans ses rangs, M. l'abbé Gousset parmi les *associés résidants*, et M. l'abbé Receveur parmi les *correspondants nés dans la province*. En d'autres temps, ce n'eût été qu'un acte de justice; ce fut peut-être alors un trait de courage. Je ne sais s'il m'appartient assez de vous en remercier, mais rien ne m'empêchera de remarquer ici que, par cette élection, vous avez été les premiers à relever le clergé, un moment méconnu, d'une impopularité passagère, et que vous avez prouvé, une fois de plus, que le sanctuaire des lettres est l'asile inviolable de la religion et de la liberté.

M. l'abbé Gousset comprit tout ce que ce choix avait d'exceptionnel et de significatif. Assidu à vos séances, il prit une part active à vos délibérations principales et vous lut un mémoire sur les *Origines de l'Eglise de Besançon*. Cet ouvrage, qui devait s'étendre jusqu'au xᵉ siècle, est demeuré incomplet. L'auteur n'a traité que l'apostolat de saint Ferréol, de saint Lin et de saint Germain ; mais vos procès-verbaux témoignent qu'il fut singulièrement agréable à la compagnie par les remarques de la plus judicieuse critique, l'intérêt du récit et le style approprié au sujet. M. Gousset s'appartenait moins chaque jour, parce que son concours était réclamé dans toutes les administrations qui aiment les lumières, comme dans toutes les entreprises qui ont besoin de dévouement. Il fut appelé à la fois au conseil académique et dans la commission de surveillance de la bibliothèque. Lorsque le dépouillement et la publication des *Papiers d'Etat du cardinal de Granvelle* eurent été résolus, son nom fut inscrit, après celui de M. Weiss, parmi les hommes d'élite à qui le ministre confia la direction du travail. J'ai prononcé le nom de notre illustre bibliothécaire. Chacun sait que M. Gousset lui dut alors presque tous ses honneurs, car son savant ami ne négligeait aucune occasion, soit de le produire, soit de le vanter. Sous ce patronage tout puissant, ni les défiances, ni les injustices du temps ne songèrent à l'atteindre, et plus le clergé rencontrait de difficultés, plus il acquérait lui-même de popularité et de renom.

Sa tâche croissait en proportion de son mérite, et les dignités ecclésiastiques ne tardèrent pas à s'accumuler sur sa tête. En 1831, Mᵍʳ le cardinal de Rohan ayant jeté les yeux sur lui pour remplacer M. Loye, lui envoya de Rome ses lettres de vicaire général. L'absence du prélat, qui se prolongea jusqu'aux premiers mois de l'année suivante, les douloureux incidents qui signalèrent son retour, sa mort, qui le suivit de si près, et qui laissa à son peuple la douleur de le perdre avec le regret de l'avoir méconnu, imposèrent à M. Gousset d'autres préoccupations que celles de vos travaux historiques, et des devoirs plus sévères et plus pressants que ceux de l'Académie. S'il pouvait donner encore quelques heures à l'étude, ne les devait-il pas d'ailleurs à la théologie, cette science qui avait fait sa gloire et qui demeura toujours ses plus chères délices? L'un des trois vœux qu'il avait faits sur le tombeau des apôtres était de mettre dans une grande lumière les principes de la vraie casuistique, moins pour justifier son propre enseignement que pour établir les droits de la raison et de la morale. En comparant les leçons de nos séminaires pendant les deux derniers siècles à celles des âges précédents, il avait reconnu que la sévérité avait parfois prévalu sur la douceur dans la direction des consciences. Le jansénisme, avec ses dehors austères et réguliers, avait trompé beaucoup de bons esprits, et parmi ceux mêmes qui repoussaient les erreurs doctrinales de la secte, il n'était pas rare de trouver un rigorisme étroit qui perdait les âmes au lieu de les sauver. Les préceptes de la morale chrétienne sont invariables; mais leur application dépend de la connaissance de la nature humaine, comme, dans la médecine, l'application du remède varie selon le génie du médecin et le tempérament du malade. Peut-être, avec la droiture naturelle au caractère français, avions-nous trop oublié que l'esprit de l'homme est ondoyant et divers, que son cœur passe facilement d'un sentiment à l'autre avec une égale sincérité, et que la vertu la plus commune est moins l'héroïque attitude d'une âme qui ne tombe plus, que sa persévérance à se relever toujours. De là, dans tous les cas douteux, le parti de la loi préféré à celui de la liberté; la perfection demandée à l'homme au début de sa conversion; les sacrements, qui sont des remèdes, imposés comme des récompenses à des conditions trop dures pour la faiblesse, reçus avec trop d'alarmes et abandonnés peu à peu, d'abord avec un excès de vénération, puis avec un oubli marqué des devoirs essentiels; enfin le joug que le Maître a déclaré plein de douceur, devenu à la longue un poids insupportable pour la plupart des chrétiens, qui le redoutaient sans le connaître ou qui le rejetaient à la première chute. En signalant ces abus, à Dieu ne plaise que j'en accuse tous nos devanciers! La plupart étaient dans l'illusion plutôt que dans l'erreur, et ces illusions étaient mêlées de vives délicatesses et de nobles scrupules qui n'appartiennent qu'à la conscience des saints. Ne condamnons que l'excès de la rigueur, mais craignons à notre tour l'excès de la condescendance et du relâchement. C'était la pensée constante de M. Gousset de chercher le vrai chemin entre ces deux abîmes ; ce fut l'une de ses gloires de l'avoir enfin découvert et enseigné. Partant de cette maxime de saint Augustin : « Toute opinion qui n'est pas démontrée contraire à la foi et aux mœurs est librement acceptable (1), » il s'était déjà assuré, par l'étude de la tradition, que cette pensée n'était pas autre chose que la règle même de l'Eglise. Mais comment rompre avec les théologiens reçus, l'usage des lieux et la doctrine de ses devanciers? Au milieu de ces perplexités, la *Théologie morale* du B. Alphonse de Liguori, que Rome déclarait au-dessus de toute critique et de toute censure, lui tombe un jour sous la main, dans la vente d'un libraire en faillite. Il achète le livre, le lit, ou plutôt le dévore, et commence à l'enseigner. C'était pour lui la découverte et le bonheur d'Archimède, car il trouvait dans ce livre tout le système qu'il avait rêvé et l'application la plus complète et la plus moderne de la maxime de saint Augustin. Après avoir popularisé par ses leçons le probabilisme modéré, devenu vicaire général, il en publia la *Justification* en 1832 (2). Cet ouvrage eut un immense retentissement. Je passe sous silence l'attaque dont il fut l'objet de la part d'un prêtre qui garda l'anonyme en y répondant avec plus d'injures que de raison (3). M. Gousset, par sa réplique, ferma la bouche à son contradicteur (4). Il aurait pu se dispenser de ce soin, car après les suffrages donnés à cette *Justification* par les cardinaux de Rohan, archevêque de Besançon, Zurla, vicaire du pape, et Oppizzoni, archevêque de Bologne, Grégoire XVI avait achevé de calmer tous les scrupules en prenant hautement le patronage de la doctrine et de l'auteur. La *Justification,* traduite en italien, réimprimée en Belgique, placée à la suite des œuvres de saint Alphonse de Liguori dans les éditions de Monza et de Venise, donna au théologien de Besançon une réputation européenne, et fit du docteur de notre Eglise un des docteurs de l'Eglise universelle.

On ne pouvait comprendre comment il trouvait le temps de tenir la

---

(1) Quod neque contrà fidem, neque contrà bonos mores esse convincitur, indifferenter est habendum. (Epist. 54 ad inquis. Januar.)

(2) *Justification de la théologie morale du B. Alphonse de Liguori.* Besançon, Outhenin-Chalandre, 1832 ; in-8°.

(3) *Lettres à M. le curé de* * * *.

(4) Lettres de l'abbé Thomas Gousset à M. le curé de * * * sur la *Justification de la théologie morale du B. Alphonse de Liguori.* Besançon, Outhenin-Chalandre, 1834; in-8° de 400 pages.

plume de l'apologétique chrétienne au milieu des travaux de l'administration diocésaine. Elu deux fois vicaire capitulaire, en 1833, après la mort de Mgr de Rohan, et l'année suivante, après celle de Mgr Dubourg, il portait le fardeau des sollicitudes ecclésiastiques avec plus d'aisance encore que celui de l'enseignement. Il apportait au maniement des hommes et à l'expédition des affaires cette netteté de vues, cette promptitude de détermination, cette énergie de bon sens, cette modération de caractère, qui font le véritable administrateur. Bossuet a recommandé avant tout aux princes de gouverner hardiment ; cette règle, applicable à l'Eglise comme à l'Etat, était celle de M. Gousset. N'allez pas croire qu'il jugeait les petits détails indignes de lui. On a dit de Bossuet lui-même « que rien n'était au-dessous ni au-dessus de cet homme. » Ce fut aussi le propre de notre théologien. Il fit voir qu'un esprit supérieur porte sa supériorité partout, et que le génie des affaires, bien loin d'être incompatible avec l'éminence du savoir, naît de l'étude même à notre insu, et se trouve dès le premier jour au niveau de la plus grande tâche. Non, les livres n'ont jamais rien gâté : ce n'est que le commerce des hommes étendu à tous les lieux et à tous les siècles.

Malgré des mérites si divers, je n'ai pas dit encore tout ce que M. Gousset fut à Besançon. Il faudrait vous le peindre, non pas seulement dans ses relations fréquentes avec le monde, au milieu desquelles il fit respecter son caractère et honorer sa mission, mais encore dans ces communications plus intimes de confesseur à pénitent, où le monde lui-même venait chercher, avec tant de confiance, les lumières du docteur et les consolations de la paternité spirituelle. Personne n'était meilleur père. A la fois large et exact, ferme autant que doux, énergique sans violence, modéré sans faiblesse, il répondait sur toutes les questions qui intéressent la conscience, par ces mots courts et nets qui illuminent l'esprit et qui mettent de suite une âme en paix. Son jugement, si excellent par nature et si bien fortifié par le travail, avait je ne sais quoi de posé et de vif tout ensemble, qui semblait d'élan et de primesaut, et qui était cependant le fruit mûr de l'expérience et du savoir. Mais quelle bonté paternelle au milieu de tant de lumières ! quels soins touchants pour les âmes ! quelle familiarité simple et expansive avec ses amis ! Excéda-t-il jamais ? je l'ignore. Je sais seulement que pour être toujours bon, il faut s'exposer à l'être trop, et que si ce sentiment que Dieu a mis dans nos entrailles, peut quelquefois faire illusion à l'homme naturellement faillible, Dieu pardonne d'avance la charité qui s'égare et ne punit que ceux qui en abusent et qui la trompent.

Le temps était venu où l'Eglise de Besançon allait perdre son plus cher trésor. C'était une de ces époques fatales où, par l'effet des circonstances, l'épiscopat français devait se renouveler presque tout entier. La plupart des siéges créés par le concordat de 1817 allaient devenir vacants. Respect et reconnaissance aux saints vieillards qui venaient d'y achever leur longue carrière! Ils avaient presque tous autant de naissance que de vertus, mais leur naissance leur avait valu l'exil pendant la tempête révolutionnaire; plus tard, ils avaient dignement supporté l'oubli aussi bien que la disgrâce, et quand la Providence était venue les prendre par la main pour les faire asseoir parmi les princes de l'Eglise, leurs cheveux blancs avaient donné encore un plus grand air à leur personne et un relief plus éclatant à leur mérite. C'étaient les restes majestueux de l'ancienne Eglise de France, exposés aux regards de la société nouvelle. Pour eux, l'épiscopat n'avait pas été un privilége, mais une récompense; pour le clergé, ce fut un exemple. Il fut donné à d'autres classes de la société de leur fournir des successeurs, mais non de les mettre en oubli. L'éternelle beauté du sacerdoce est de revêtir de la même gloire tous les pasteurs; qu'ils viennent de la condition la plus humble ou de la plus haute, ils montent toujours en montant à l'autel; c'est un peuple de frères, parmi lesquels la diversité des traits n'empêche pas de voir l'onction commune qui sacre leurs âmes :

> ... Facies non omnibus una,
> Nec diversa tamen, qualis decet esse sororum.

M. Gousset fut l'un des premiers nés de cette nouvelle génération d'évêques, qui a fait tant d'honneur au prince qui l'a choisie et au clergé d'où elle a été tirée. Nommé au siége de Périgueux par ordonnance royale du 5 octobre 1835, il n'y avait pas un an qu'il avait reçu de Mgr Mathieu, comme de ses vénérables prédécesseurs, des lettres de grand vicaire, avec les témoignages de la plus flatteuse confiance. Il en coûta singulièrement au nouvel archevêque de se séparer, au début de son administration, d'un homme si versé dans la science ecclésiastique et dans la connaissance des affaires ; mais il dut se priver de son meilleur conseiller et de son plus ferme appui, pour mettre la lumière sur le chandelier. M. Gousset n'avait point recherché l'épiscopat; il l'accepta avec cette confiance sereine qui s'éloigne autant de la timidité que de la présomption. Préconisé dans le consistoire du 1er février 1836, il fut sacré à Paris, le 6 mars suivant, avec Mgr Robiou de la Tréhonnais, évêque de Coutances, par Mgr de Quélen, assisté des évêques de Nancy et de Marseille.

Son installation sur le siége de Périgueux eut lieu le 18 du même mois.

Périgueux le posséda quatre ans ; ces quatre ans suffirent pour le faire bénir à jamais. Il avait trouvé le clergé divisé, il le laissa dans le calme et la paix. La discipline ecclésiastique était affaiblie, il la ranima par des statuts. Le petit séminaire commençait à peine, il lui donna à Bergerac un noble asile et de vastes développements. La cathédrale de Saint-Front, l'un des derniers morceaux d'architecture byzantine que possède la France, avait été traitée avec la barbarie de l'ignorance et du mauvais goût ; il la dégagea des constructions modernes dont elle était misérablement étayée, rendit aux voûtes leur hauteur, aux roses leurs vitraux, aux piliers leur énorme base et leurs cimes ogivales. L'orgue gisait dans la poussière, il le restaura et le remit entre les mains d'un élève de Choron qu'il nomma són maître de chapelle. Ce fut sous ses auspices que les religieuses de la Visitation ouvrirent à Périgueux un vaste couvent et que les religieuses de Sainte-Claire embellirent le leur. Mais son principal ouvrage fut la translation du grand séminaire de la ville de Sarlat dans sa ville épiscopale. Quoique les fondations en eussent été creusées depuis 1829, des difficultés tantôt matérielles, tantôt administratives, avaient laissé jusque-là les travaux en suspens. Le jeune évêque lève tous les obstacles, et bénit, le 2 août 1840, la première pierre de l'édifice. Ce fut la dernière bénédiction qu'il donna au diocèse de Périgueux. Une ordonnance royale l'avait appelé dès le 25 mai au siége de Reims, vacant par la mort du cardinal de Latil, et le pape l'avait institué canoniquement dans le consistoire du 13 juillet. Mgr Gousset n'avait accepté le siége de Reims que sur les instances réitérées du roi et du nonce apostolique. Ses diocésains le savaient, et le jour où il les quitta en inaugurant parmi eux le monument de sa piété et de son zèle, l'habile préfet de la Dordogne, M. Romieu, de si spirituelle mémoire, se fit l'interprète de l'opinion publique, dans un remarquable discours que tous les journaux répétèrent à l'envi :

« Ne soyez pas surpris, Monseigneur, s'il se mêle un sentiment douloureux à la pompe de cette cérémonie. Elle eût été en d'autres temps un signal d'espérance ; elle n'est plus maintenant qu'une date de regrets.

» C'est à moi plus qu'à tout autre qu'il appartient de les exprimer ; et s'il y a dans les tristes adieux qui nous séparent quelque chose de moins amer pour le chef du département, c'est l'occasion qu'il y trouve de vous dire, de la part de tous, que votre nom restera cher et vénéré dans ce pays, où en si peu de temps il a laissé tant de traces.

» Votre nom signifiera toujours ici charité, tolérance et concorde. La main ferme qui dirigeait ce diocèse pressait amicalement toute main qui lui était tendue. L'esprit profond qui a commenté le *Code civil* se prêtait au contact des plus humbles intelligences comme aux causeries légères du salon. Le prélat qui tenait sa mission du Ciel, savait rattacher à l'intérêt de l'ordre public, dans les affaires terrestres, l'influence de son caractère sacré.

» Appelé au siége illustre de saint Nicaise et de saint Remi, vous trouverez dans les nouveaux honneurs qui vous attendent la récompense de votre zèle et de vos mérites éprouvés ; mais permettez-nous de croire que de si haut et de si loin vos regards se porteront quelquefois vers la Dordogne, où l'on ne vous oubliera jamais. »

Le prélat qui emporte de tels adieux peut changer de siége ; sa destinée ne changera pas. Partout il laissera des regrets ; il trouvera partout des sympathies. A peine Mgr Gousset a-t-il mis le pied sur le seuil de cette basilique fameuse où les rois venaient autrefois épouser la France, qu'il annonce aux autorités municipales comment il vient lui-même épouser l'église de Reims : «Vous voulez soulager les misères du peuple et éteindre la mendicité. J'approuve cette pensée ; je ne suis pas riche, cependant comptez sur moi, car les pauvres sont mes enfants ; ce que j'aurai, je le partagerai avec eux ; ce qui nous manquera, nous l'obtiendrons des fidèles que la fortune favorise et de la bienfaisance de votre noble et antique cité. »

Vous dire qu'il a tenu sa promesse en loyal et généreux époux, c'est faire le tableau du reste de sa vie. Trois pensées l'absorbent tout entier et possèdent ensemble son grand cœur, en partageant tour à tour son esprit : les pauvres, l'étude et l'Eglise.

Sous le nom de pauvres, Mgr Gousset entend, dans le sens évangélique du mot, tout ce qui porte le poids du jour, tout ce qui a besoin d'assistance, de secours et surtout de consolation. Les ouvriers, les enfants, les malheureux, les condamnés, sont l'objet de sa prédilection particulière.

Il visitait les ouvriers dans les usines et dans les fabriques, autorisant de leur part une familiarité respectueuse, s'informant avec un paternel intérêt de leur famille et de leur ménage ; leur serrant la main et les appelant de sa voix, à la fois puissante et paternelle, *ses amis, ses enfants, ses chers ouvriers*. Si la cherté des subsistances les met en péril, il plaide leur cause auprès des riches dans un mandement digne des Basile et des Chrysostôme, et, après avoir constaté les effets momentanés de la charité, il ajoute: « Ce n'est pas assez d'avoir amorti pour un instant l'aiguillon de cette faim qui les presse et l'ardeur de cette soif qui les consume, ni de réchauffer pour un jour leurs membres glacés ou de couvrir d'un vêtement les haillons de leur misère. Tant que la charité voit des larmes à essuyer, des infortunes à secourir, des besoins à soulager, elle doit puiser dans son ingénieuse tendresse un zèle toujours renaissant et des ressources toujours nouvelles. » Si la révolution de 1848 exalte l'imagination du pauvre et lui fait concevoir de trompeuses espérances, le prélat le ramène par de sages paroles dans les limites du devoir. Que la dissolution des ateliers nationaux fasse affluer de Paris sur Reims dix mille bras sans ouvrage, il les appelle à creuser les fondements de l'église Saint-Thomas, et il va s'entretenir familièrement avec eux. Un jour il inaugure l'ouverture du canal de l'Aisne à la Marne, un autre jour il bénit l'arbre de la liberté, ou bien il salue le drapeau que les délégués rémois lui présentent pour célébrer la fête de la concorde, et dans chacune de ces circonstances il rappelle avec autorité, sans phrases et sans détours, le nom de Dieu, les droits de l'Eglise, l'obéissance due aux pouvoirs établis et les nécessités impérieuses de l'ordre public. Que le choléra ravage Voncq et Vouziers, il arrive sur le théâtre de l'épidémie aussitôt que les médecins, il dispute à ses prêtres l'honneur d'administrer les derniers sacrements, il visite toutes les maisons où sévit le fléau, il ranime et console tous les malades, il relève le courage d'une population désolée et laisse partout d'abondantes aumônes.

L'inclination naturelle qui lui faisait chercher les petits, lui inspirait pour le premier âge un tendre intérêt. Il semblait dire aux uns : « Venez à moi, vous tous qui êtes fatigués, et je vous soulagerai. » Il disait des autres, comme le bon Pasteur, dont il était l'image : « Laissez venir à moi les petits enfants. » Cette invitation paternelle était dans son air, dans son geste aussi bien que dans sa parole. Soit qu'il passe dans les rues des villes, soit qu'il traverse les campagnes, les mères quittent leur foyer pour lui présenter leurs enfants dans leurs bras. Mais dès que l'enfant peut marcher, il se présente de lui-même. Il vient, avec la hardiesse de son âge, à la rencontre du prélat, attendant de lui un regard, une caresse, une bénédiction, et, pourquoi ne le dirions-nous pas? peut-être un petit cadeau. On sait qu'il ne sort guère de son palais sans emplir ses deux poches, l'une d'argent, l'autre de bonbons; il va, le sourire sur les lèvres, vidant l'une dans les mains des enfants pauvres, l'autre dans les mains des enfants riches, et ne rentre qu'après avoir épuisé sa bourse et ses provisions.

Simple, avenant, vraiment populaire dans la meilleure acception du mot, à la campagne comme à la ville, il abordait sans les connaître les derniers ouvriers ou les derniers paysans, et entamait avec eux des causeries familières que l'on racontera longtemps dans les veillées des Ardennes en bénissant la mémoire du bon archevêque. Il passait un jour avec le curé du lieu, au milieu d'un village rempli, disait-on, d'esprits forts. Sur son passage se tenait un homme, la pipe à la bouche et le bonnet sur la tête, avec ce regard moitié railleur moitié stupide qui caractérise l'impiété en sabots. Le prélat le devine, va droit à lui, ouvre sa tabatière et la lui présente en disant : « Vous êtes, je crois, de mon âge, mon brave homme, comment vous portez-vous? — Ah! Monsieur, ah! Monseigneur... » L'étonnement, la confusion, le respect, lui ôtent la parole ; mais portant la main à son bonnet : « Qu'y a-t-il pour votre service? — Je vais voir une femme malade, qui habite une ferme dans le voisinage, allons ensemble et montrez-nous le chemin. » Chemin faisant, le prélat entre en propos avec son étrange conducteur, s'informe avec intérêt de sa santé, de sa famille, de ses affaires, mêle quelques conseils à quelques encouragements, et le laisse aussi charmé qu'il avait été d'abord interdit. On se quitte à la porte de la malade. Le curé, qui n'avait dit mot, s'arrête sur le seuil : « Monseigneur, savez-vous à qui vous venez de parler? C'est le plus mauvais sujet de ma paroisse. — Je m'en doutais, mon cher curé, et c'est pour cela que je l'ai entretenu si longtemps. » Le prélat entre chez la malade, l'interroge, et apprend que les médecins lui ont ordonné les eaux des Pyrénées. « Eh bien! Monsieur le curé, il faut qu'elle y aille, et je me charge de tous les frais. — Quelle bonne journée! se disait un témoin de cette scène, Monseigneur a peut-être du même coup guéri une malade et converti un impie. »

Ses aumônes étaient les libéralités d'un prince. Les blessés de l'armée d'Orient, les victimes des tremblements de terre de la Guadeloupe, les familles sans nombre que les inondations du Rhône et de la Loire ont tant de fois déjà laissées sans asile et sans pain, tout ce qui souffrait, en un mot, lui était sympathique. A Reims, la société de Saint-Vincent de Paul vivait en grande partie des magnifiques imprévoyances d'une bourse qui ne savait rien refuser. Le couvent de la Miséricorde, l'asile de Bethléem bâti pour les orphelins, toutes les œuvres de bienfaisance de son diocèse reconnaissent qu'elles ont surtout fleuri et prospéré grâce à l'intérêt qu'il leur témoignait, aux dons qu'il obtenait pour elles et aux secours qu'il leur donnait lui-même dans les besoins les plus pressants. Mais Dieu seul a connu ses aumônes secrètes. Elles allaient jusqu'au dépouillement le plus complet, autant qu'on en peut juger par une ou deux de ces trahisons qui révélaient de temps en temps à la main gauche ce que la droite avait donné. Pendant qu'il remplissait à Besançon les fonctions de grand vicaire, sa domestique lui dit un jour : « Monsieur, il n'y a point de plaisir à être à votre service. Je n'ai jamais le sou pour vous nourrir, et vous donnez tout ce qui vous tombe sous la main, jusqu'à votre linge. » L'épiscopat ne le corrigea pas de ce défaut, car la religieuse chargée de son vestiaire se vit contrainte, pour obtenir le strict nécessaire, de recourir à une pieuse industrie, en lui racontant la détresse d'un pauvre homme qui manquait de chemises. Le prélat, attendri, lui remet aussitôt une somme d'argent, et lui demande le nom du malheureux : « Le malheureux ! belle question ! mais, Monseigneur, c'est vous. »

Nous n'avons pas encore nommé tous ceux à qui il accordait ses saintes préférences. Les condamnés à mort lui inspiraient une pitié toute particulière, et ces sentiments me font souvenir ici d'un des plus beaux traits de sa vie. Il y avait dans les cachots de Périgueux un criminel auprès duquel avaient échoué, depuis trois mois, toutes les instances de l'aumônier. Le jour de l'exécution étant venu, Mgr Gousset voulut aller dire la messe dans la prison, apprendre au coupable le rejet de son pourvoi et le préparer lui-même à la mort. Les exhortations du prélat sont écoutées avec respect, et le condamné demande à rester seul; on cède à son désir; mais, se précipitant vers une grille élevée, il se laisse retomber de tout son poids, et il va se briser le crâne contre le pavé, quand le geôlier accourt au premier bruit et déjoue son projet. Mgr Gousset n'était pas sorti de la prison. Il revient auprès du malheureux, le serre dans ses bras, touche enfin son cœur, voit couler ses larmes, le bénit, reçoit ses aveux et ne le laisse aux mains de l'aumônier qu'après l'avoir vu repentant, résigné, heureux même de mourir chrétiennement. Cette scène avait laissé dans ses souvenirs une vive et profonde impression. Il crut de son devoir de prendre en main la cause des victimes de la justice humaine, et de leur procurer à leur dernière heure les consolations les plus précieuses, convaincu qu'on pouvait éveiller encore, à ce moment fatal, au fond des âmes les plus abandonnées, toutes les émotions de la foi chrétienne. Rompant alors le silence qu'il gardait depuis six ans, il publia une *Lettre sur la communion des condamnés à mort* (1). Cette

(1) *Lettre à M. l'abbé Blanc sur la communion des condamnés à mort.* Reims, 1841; in 4º.

lettre, envoyée à tous les évêques de France, établit qu'il n'y a pas de motifs suffisants pour refuser le viatique aux plus grands coupables, lorsqu'ils donnent des signes non équivoques de pénitence. L'usage contraire avait prévalu parmi nous depuis longtemps ; l'écrit de Mgr de Reims dissipa les préventions et ramena l'Eglise de France à la pratique commune de l'Eglise universelle.

C'était la charité qui avait remis la plume aux mains du prélat ; le zèle de la science et des lettres ne lui permit plus de la quitter. Un *Compendium à l'usage des curés et des confesseurs du diocèse de Reims* (1) eut en quelques mois une telle vogue, qu'il fallut augmenter le livre, en modifier le titre et le mettre à l'usage de la catholicité tout entière. Il parut sous le nom de *Théologie morale* en 1844, et il compte aujourd'hui plus d'éditions que d'années. On l'a traduit en latin, en italien, en allemand ; plus de cent mille exemplaires s'en sont répandus en France et en Belgique ; c'est l'expression sinon la plus approfondie, du moins la plus sûre et la plus nette de la casuistique contemporaine (2). La *Théologie dogmatique* suivit de près et obtint le même succès en Italie et en Allemagne (3). Tout contribua, j'en conviens, à la popularité de ces deux traités, leur brièveté concise, leur publication en langue française, l'ordre méthodique des matières et la clarté du style. Ce n'est qu'à ce prix qu'un livre peut être acheté par toutes les bourses et se trouver dans toutes les mains. La science cachait ses sources, mais elle coulait à pleins bords. Il n'appartient qu'à un petit nombre de curieux de remonter le cours du Nil jusqu'aux montagnes qui en forment la ceinture et aux deux mers intérieures qui lui donnent naissance. Sachons gré à Mgr Gousset d'avoir préféré l'avantage d'autrui à sa gloire personnelle, et d'avoir paru moins savant pour devenir plus utile. L'*Exposition des principes du droit canonique* termina ce que j'oserai appeler cette *Somme* modeste, mais aussi complète que notre légèreté la peut supporter, de toutes les connaissances théologiques. Je ne sais par qui l'illustre auteur fut appelé un jour le bœuf de Reims. Ce mot était un éloge. Bossuet avait inspiré à l'un de

---

(1) *Compendium de la théologie morale, à l'usage des curés et des confesseurs du diocèse de Reims.* Reims, 1844 ; 2 vol. in-12.

(2) *Théologie morale à l'usage des curés et des confesseurs.* Paris, Lecoffre, 1844 ; 2 vol. in-8°. La douzième édition est de 1861. Cet ouvrage a été traduit en allemand à Schaffouse, à Aix-la-Chapelle et à Mayence. Il a eu trois éditions en Italie, dont une en latin et les deux autres en italien.

(3) *Théologie dogmatique ou exposition des preuves et des dogmes de la religion catholique.* Paris, 1848 ; 2 vol. in-8°. La neuvième édition est de 1861.

ses maîtres cet heureux jeu de mots : *Bos suetus labori*, c'est un bœuf qui fera bien son sillon, et cet autre Thomas, l'Atlas du moyen âge, avait entendu Albert le Grand dire de lui : « Laissez-le se taire, celui que vous appelez le bœuf muet, bientôt il remplira l'univers de ses mugissements. »

Non content de travailler lui-même, l'archevêque de Reims excitait et encourageait le travail autour de lui. Son église devint une école, et dans cette école ce n'est pas seulement au clergé, mais aux laïques qu'il communique le zèle de la science. Reims, à son arrivée, n'avait plus que de brillants souvenirs ; les traditions de l'étude y étaient interrompues depuis des siècles ; les arts y étaient sans interprète, les lettres presque sans honneur, et l'histoire sans gardien. Mgr Gousset, qui n'avait pas oublié vos travaux et vos assemblées, veut fonder à Reims une Académie des sciences, belles-lettres et arts à l'instar de celle de Besançon. Il apporte vos règlements, invoque vos traditions, raconte les résultats de vos concours, montre les grandes publications des *Papiers d'Etat du cardinal de Granvelle* et des *Documents inédits sur l'histoire de la Franche-Comté*, et adresse enfin, dès le 15 décembre 1841, avec dix-huit notabilités rémoises, au ministre de l'instruction publique, une demande d'autorisation accompagnée des statuts réglementaires de la future compagnie. M. Villemain approuve tout, et l'archevêque ouvre en grande pompe, le jeudi 4 mai 1842, la première séance publique par un discours sur l'utilité des sociétés savantes. Mgr Gousset demeura le président honoraire de l'Académie et lui offrit pour ses réunions, dans son propre palais, une noble hospitalité. Enfin, joignant l'exemple aux conseils, il ordonne la publication des *Actes de l'Eglise de Reims*, recueil immense des canons, décrets, constitutions et statuts des quatorze diocèses qui composaient l'ancienne métropole (1). Cette œuvre, qui aurait épuisé la vie d'un bénédictin, s'achève dans deux ans sous les auspices du prélat, tant il savait bien provoquer, animer et soutenir les grandes entreprises.

A côté d'une académie, l'archevêché de Reims eut bientôt une bibliothèque. On dit que le prélat n'y avait trouvé d'autres livres que deux Almanachs royaux et un Annuaire. Mais, ayant reçu une somme considérable pour la réparation des écuries de son palais, il vend aussitôt chevaux et voitures, et, au lieu d'écurie, il bâtit une bibliothèque qu'il met à la disposition de son clergé. En peu d'années le nombre des volumes s'élève à seize mille. Rien de mieux choisi, ni de plus somp-

---

(1) *Les Actes de la province de Reims.* Reims, 1844 ; 4 vol. in-4°.

tueusement relié ; tout révèle le zèle d'un bibliophile, le goût d'un connaisseur et la magnificence d'un grand prélat. C'est dans cette bibliothèque que Mgr Gousset travaille, qu'il reçoit, qu'il aime à s'entourer des personnes de sa maison, qu'il mène les étrangers, qu'on jouit le mieux de son amitié et qu'il jouit lui-même de son ouvrage.

Autant son intimité était douce, autant son hospitalité était princière. Grâce à lui, Reims eut ses beaux jours qui marquèrent, entre tous, dans les fêtes de la littérature et des arts. Là se tint, en 1845, la treizième session du congrès scientifique, l'une des plus nombreuses et des plus intéressantes que la France ait vues. L'archevêque était partout, charmant les plus illustres par sa simplicité, encourageant par sa bonté les plus timides, distinguant, entre tant de savants français et étrangers, les moindres Comtois, prêtres ou laïques, qui étaient venus le saluer à la tête de ces brillantes assises. Il ouvre l'assemblée par une messe solennelle dans laquelle il déploie autour des princes de la science les pompes qui avaient servi naguère au sacre des rois. Tantôt il préside les séances avec autorité ; tantôt il signale aux commissions archéologiques les monuments de son église ; le plus souvent il écoute avec attention, sur ce grave sujet, les Caumont, les Paulin Paris, les Bourassé, se félicitant d'apprécier enfin, à leur école, ces grands souvenirs des anciens âges. Tout plein de ces nobles pensées, vous le verrez presque en même temps décorer avec un goût exquis, sur les plans de M. Viollet-Leduc, la chapelle absidale de son église métropolitaine ; restaurer l'église Saint-Remi, qui est l'une des merveilles de la cité et l'un des chefs-d'œuvre de l'architecture romane ; reconstruire avec la même entente de l'art et des besoins du jour, le grand séminaire diocésain et les deux petits séminaires de Reims et de Charleville ; ériger et consacrer, dans les deux principaux faubourgs de sa ville archiépiscopale, deux nouveaux monuments d'architecture et de piété : dans l'un, l'église Saint-André, que la municipalité de Reims ne peut refuser à ses instances ; dans l'autre, l'église Saint-Thomas, à laquelle il donne son nom et où il dépense avec une généreuse imprévoyance, plus de 200,000 francs de son épargne. Parmi tant de richesses historiques et archéologiques, Mgr Gousset montrait avec un légitime orgueil le trésor de sa cathédrale, mais le trésor avait perdu son plus beau joyau, qui était le calice de saint Remi. Ce calice, échappé aux mains de la révolution, avait été déposé à la bibliothèque impériale, dans le cabinet des antiques. Il est en or pur, relevé d'émaux, de filigranes et de pierres précieuses. Sur la patène, aujourd'hui perdue, on mélangeait le saint-chrême avec le baume de la sainte-ampoule, et dans la coupe, le roi après la messe communiait avec l'archevêque sous l'espèce du vin. Mgr Gousset avait fait d'inutiles efforts pour recouvrer ce vase historique, dont le prix est inestimable ; et, toutes les fois qu'il montrait le trésor, il déplorait la perte qu'avait faite son église. Une heureuse circonstance le remit en possession de son cher calice. Le 12 octobre 1858, Leurs Majestés Impériales vinrent visiter la ville de Reims et descendirent au palais archiépiscopal. Au milieu des fêtes de la plus magnifique réception, le prélat n'oublia pas l'histoire du vase de saint Remi. Ce n'était plus une requête, mais l'empereur devina le cardinal et mit le comble à ses vœux. Le savant et l'évêque étaient récompensés avec un admirable à-propos.

L'Eglise n'est que science et charité. Il est difficile d'aimer les pauvres et les lettres sans aimer aussi l'Eglise, qui a tant fait pour attendrir le cœur de l'homme et pour orner son esprit. Servir l'Eglise fut donc la passion dominante de notre illustre compatriote, parce qu'elle renfermait toutes les autres.

Que de zèle pour la servir dans son diocèse ! Il multiplie le nombre des succursales, et il en érige soixante nouvelles avec le concours du gouvernement ; il visite plusieurs fois toutes ses paroisses, qui sont au nombre de sept cents, y compris les annexes ; il établit une caisse de retraite pour les invalides du sacerdoce et une maison de prêtres auxiliaires ; il appelle ses prêtres en synode, et il y rédige les statuts les plus importants pour la discipline, les règles les plus sages pour les mœurs.

Ce zèle de la discipline et des bonnes mœurs s'étend de son diocèse à sa province. Le titre de métropolitain sembla revivre en lui avec ses anciennes prérogatives et sa légitime influence. Il célébra trois conciles provinciaux : le premier à Soissons en 1849, le second à Amiens en 1853, le troisième à Reims en 1857. Il faut entendre comment l'évêque de Beauvais, l'un des pères de ces grandes assemblées, se complaît à en célébrer la mémoire : « Quelle union entre les évêques, s'écrie-t-il ! Quelle déférence respectueuse, mais libre, de la part des théologiens rangés autour d'eux ! Quel dévouement à l'Eglise et à son auguste chef ! Quelle abondance de doctrines, surtout dans celui qui présidait noblement les saintes assemblées ! Il était vraiment beau au milieu de ses frères. Au sein d'un concile, il semblait être dans son élément. On aurait dit un père de l'église, un évêque des anciens jours. Son impartialité laissait à chacun la faculté d'émettre son jugement sur les questions proposées, et souvent nous l'avons entendu remercier ceux qui soutenaient un avis contraire au sien. Sa grande passion fut toujours et uniquement la passion de la vérité (1). »

Les pontifes qui lui donnent aujourd'hui tant de louanges et qui formaient autour de lui cet auguste sénat, étaient pour ainsi dire son ouvrage. Il donna huit fois la consécration épiscopale, et la plupart de ses suffragants la tenaient de ses mains. C'était un titre de l'avoir vu faire pour commander à son tour, et les rois lui demandaient pour leurs peuples des pasteurs sortis de son école; c'était une grâce enviée de recevoir de lui la mitre et la crosse, comme pour les porter avec plus d'autorité. Les Salinis et les Gerbet s'étaient formés par ses exemples autant que par ses leçons. Ils admiraient sa doctrine comme il admirait lui-même l'éloquente parole de l'évêque d'Amiens et la poétique imagination de l'évêque de Perpignan. On eût dit un autre Athanase traçant la route à d'autres Basile et à d'autres Grégoire, et les menant à sa suite aux combats et aux triomphes de l'Eglise militante.

Mgr Gousset plaçait en effet bien au-dessus des intérêts de son diocèse et de sa province les intérêts de la catholicité tout entière. Fidèle au second vœu de son voyage, on trouve son nom, on entend sa voix dans toutes les discussions religieuses de notre siècle. Dès 1841 il demande pour l'Eglise la liberté d'enseignement; en 1844, il renouvelle, de concert avec ses suffragants, ses réclamations et ses instances; en 1852, profitant de la victoire après s'être mêlé à la bataille, il fonde le collége libre de Réthel. Il regardait moins comme une liberté que comme une servitude l'usage des liturgies particulières, légitime dans l'origine, mais peu à peu vicié et corrompu, de siècle en siècle, dans un grand nombre de diocèses par des changements arbitraires et trop souvent renouvelés. Dès 1842, il consulte sur cette grave question le pape Grégoire XVI, et il en reçoit un bref qui lui fait connaître la pensée de Rome. Mais le temps est-il déjà venu de provoquer le retour des églises particulières à l'unité liturgique? Beaucoup de sages doutaient encore, Mgr Gousset hésite à peine; puis, l'entreprise commencée, il ne s'arrête plus. Dès 1848 la liturgie romaine est rétablie dans son diocèse, mais avec certains ménagements. Trois ans plus tard il signala dans les statuts de son synode, les rites et usages anciens qu'on peut conserver dans les églises où ils existent. Ces dernières concessions ont disparu en partie, soit que pour satisfaire la conscience qu'il s'était for-

(1) *Discours prononcé par Mgr de Beauvais aux obsèques de Son Eminence le cardinal Gousset*, le 29 décembre 1866.

mée, il voulût pousser l'unité jusqu'à l'uniformité même, soit qu'en logi-
cien franc-comtois il se fît une habitude et un devoir de tirer de ses
principes les dernières conséquences.

Tant de services rendus à l'Eglise méritaient une grande récompense.
Ce fut dans les circonstances les plus flatteuses pour un évêque français
qu'elle lui fut décernée. En 1850, notre armée, après avoir remis Pie IX
sur son trône, commença à étendre autour de lui son drapeau, qui ne
s'est retiré de Rome qu'après seize ans, mais qui y a laissé assez de
gloire pour l'abriter encore longtemps, nous l'espérons, sous cette ombre
lointaine. Au lendemain d'une si merveilleuse restauration, trois de nos
archevêques reçurent la pourpre. Si toute la France avait été à la peine,
aucune province ne fut plus à l'honneur que notre chère Comté. Des trois
cardinaux français créés dans le consistoire du 30 septembre, deux lui
appartenaient à tant de titres qu'elle aimait à les confondre dans l'expression du même orgueil et du même bonheur. L'un, qui était depuis quinze
ans son pasteur et son père, avait fait d'elle sa patrie, sa famille, et la
dotait chaque jour de toutes les œuvres que la foi seule peut inspirer,
que la charité seule peut soutenir : ce sera désormais dans l'histoire le
cardinal Mathieu. L'autre, qui avait été si longtemps le docteur de notre
province, était demeuré pour elle le meilleur et le plus dévoué des fils :
on ne l'appellera plus que le cardinal Gousset. Deux médailles frappées
en même temps par la reconnaissance publique signaleront aux âges
futurs ces deux événements, et la date de 1850 demeurera aussi fameuse
dans les annales de la Comté par l'élévation des deux prélats, qu'elle est
consolante et glorieuse dans les annales de l'Eglise par la restauration de
Pie IX.

L'archevêque de Reims fut accueilli dans sa ville métropolitaine avec
les démonstrations de la plus grande joie. Le 6 novembre 1850, il y fit
son entrée au bruit du canon et au son de toutes les cloches, précédé de
ses suffragants, escorté d'une foule immense, acclamé, pour ainsi dire,
par tous ses enfants, qui étaient accourus des extrémités du diocèse pour
contempler leur premier pasteur dans la splendeur de la pourpre. Un arc
de triomphe élevé à la porte de l'archevêché portait les armes de ses
quatre-vingt-dix-huit prédécesseurs. On pouvait y lire les plus beaux noms
de France, comme ceux des Latil, des Lorraine et des Lénoncourt. Mais
plus d'un curieux fit observer que c'était la seconde fois qu'un Bisontin
s'était assis sur le siége de Reims. Le premier fut Richard Pique, distingué par le roi Charles V, et sorti des rangs du peuple comme le cardinal
Gousset. La poésie pas plus que l'histoire ne devait manquer à la fête.

M. l'abbé Gerbet célébra en vers charmants la promotion de son vieil ami. Cette pièce, intitulée *La Cabale des oiseaux*, met en scène l'aigle, le corbeau, le coq gaulois, l'oiseau cardinal et la colombe, qui se disputent, dans un dialogue plein d'esprit, l'honneur de porter la calotte à l'élu du Vatican. Le corbeau réclame la préférence, parce qu'il perche sur les galeries de l'église Saint-Thomas que le prélat vient de bâtir.

> Nous y serons logés aux frais de l'archevêque :
> Sur ses livres futurs nous avons hypothèque.

L'oiseau cardinal allègue sa couleur et son nom, le coq sa nationalité, la colombe la tradition en vertu de laquelle elle aurait apporté à Reims la sainte-ampoule. Mais l'aigle fait valoir des droits plus incontestables encore. C'est à lui qu'il sied le mieux d'être le messager d'en haut auprès de l'aigle de la théologie moderne, et il ajourne la colombe à une autre cérémonie :

> Tous ces beaux arguments me touchent peu, ma chère,
> Le droit canon, qui seul peut régler la matière
> Et dont notre prélat prépare un bon traité,
> Vous accable du poids de son autorité.
> Chacun vous le dira : votre blanche tunique
> N'est point des cardinaux la couleur canonique ;
> Il faut vous résigner ; ce n'est point votre tour.
> Le prélat vous échappe, à moins que, quelque jour,
> Vous ne preniez enfin une belle revanche
> En lui portant,... qui sait?... une calotte blanche.

Au milieu de ces flatteries délicates, Mgr Gousset demeurait modeste dans sa nouvelle dignité, sans cacher cependant la satisfaction profonde dont il était rempli. Il n'ignorait pas que le souverain pontife avait exprimé au chef de l'Etat le désir que l'archevêque de Reims lui fût présenté pour un des chapeaux, et ne voyant dans le cardinalat que les devoirs qui lui étaient le plus chers, il se trouvait, au regard de l'Eglise, plus obligé au dévouement parce qu'il était plus grand, au regard des pauvres, plus obligé à l'aumône parce qu'il était plus riche.

A dater de cette époque, il redouble de zèle pour Rome et d'affection pour le saint-père. Ses voyages au tombeau des apôtres deviennent plus fréquents et plus longs. L'âge ne le retient pas, la distance ne saurait l'effrayer. Il s'y était rendu en 1845 pour solliciter de Grégoire XVI la béatification du vénérable de la Salle, si désirée de l'Eglise de Reims, qui honore en lui l'un de ses enfants ; en 1851, il va recevoir de Pie IX le chapeau cardinalice. Trois ans après, on le retrouve au premier rang du sacré collége, parmi les deux cents évêques qui entourent ce bien-aimé pontife, le jour où le dogme de l'Immaculée Conception fut défini avec tant de gloire. Rome le vit pour la dernière fois en 1862, dans la solennité de la canonisation des martyrs japonais. Quand les fêtes furent achevées, Pie IX le retint longtemps auprès de lui et le combla de toutes sortes de grâces.

Le cardinal hésitait à s'arracher à ce sol sacré, qui lui était d'autant plus cher qu'il semblait trembler davantage. A chacun de ses voyages, qui atteste son dévouement au saint-siége, succédait un livre qui en immortalisera le souvenir. C'est ainsi qu'après avoir accompli son troisième vœu en réunissant, en 1855, tous les monuments de la tradition catholique, et en particulier de l'Eglise de France, pour établir que la croyance à l'Immaculée Conception était générale, constante et à l'abri de toute critique (1), il démontra, en 1862, par les témoignages a ccumulés des Pères et des conciles, la légitimité des propriétés ecclésiastiques et la nécessité spirituelle de la souveraineté temporelle des papes (2). L'honneur du saint-siége le touche si vivement qu'il ne saurait souffrir ni qu'on attaque cette autorité suprême ni qu'on se défie de cette suprême sagesse. Pour lui comme pour saint François de Sales, *le pape et l'Eglise, c'est tout un.* Partout où les droits et les prérogatives du pape lui semblent engagés, il se montre et prend la parole. Si on les nie, il les affirme ; si on les amoindrit, il les maintient ; si on cherche à les obscurcir, il les met dans une plus vive lumière. L'agression est-elle anonyme comme dans le *Mémoire sur la situation présente de l'Eglise gallicane relativement au droit coutumier,* il y répond la visière levée, et jette hardiment le poids de son érudition dans la bataille (3). Est-elle pleine d'ignorances et d'injures, comme dans la plupart des journaux et des pamphlets qui ont déclaré la guerre à l'Eglise, il écrit, pour les réfuter, lettre sur lettre, mandement sur mandement, dédaignant les injures, mais repoussant les attaques avec la vigueur de la logique et la confiance

---

(1) *La Croyance générale et constante de l'Eglise* touchant la Conception de la bienheureuse Vierge Marie, prouvée par les constitutions et les actes des papes, par l'enseignement des pères et des docteurs de tous les temps. Paris, Lecoffre, 1855 ; in-8° de 840 pages.

(2) *Du droit de l'Eglise touchant la possession des biens destinés au culte et à la souveraineté temporelle du pape.* Paris, Lecoffre, 1862 ; in-8° de 358 pages.

(3) *Observations sur un mémoire adressé à l'épiscopat sous ce titre : Sur la situation présente de l'Eglise gallicane relativement au droit coutumier.* Paris, Lecoffre, 1852 ; in-8° de 96 pages.

tranquille de la bonne cause [1]. Le nom de M. Dupin ne lui avait pas fait peur; quand parut le *Manuel du droit ecclésiastique français*, il l'avait réfuté en docteur et censuré en évêque. La popularité éphémère de M. Renan ne lui en imposa pas, malgré l'immense acclamation avec laquelle fut accueillie la *Vie de Jésus*; il anathématisa le livre avec ces vieilles formules épiscopales qui, quoi qu'on en dise, portent encore la foudre dans leurs plis, et fit voir à ceux qui comptaient peut-être sur son silencieux dédain, qu'à la publicité de l'attaque il convenait d'opposer la publicité de la défense.

Honorons cette bravoure, elle est toute française; reconnaissons cette loyauté, elle est toute comtoise. Dévoué au triomphe des doctrines romaines, Mgr Gousset ne fut pas romain à demi. On peut, en demeurant dans les limites de l'orthodoxie, ne pas partager tous ses sentiments; mais il faut rendre justice à ses nobles intentions. Plus que personne il avait animé le clergé de ce souffle qui a emporté vers Rome tant de sympathies, parfois trop bruyantes, s'il faut les juger, mais sincères, désintéressées, généreuses. Il avait pressenti que le temps des chicanes était passé et que, dans la lutte suprême qui commence entre le christianisme et l'athéisme, la confiance des membres de l'Eglise envers leur tête devait être plus complète, leur obéissance plus prompte et plus vaillante. Personne ne professe plus que Rome le respect des opinions libres. Elle ne condamna pas dans nos pères des doctrines qui, pour n'être pas toujours assez respectueuses ou assez soumises, se concilient cependant avec la sévérité de la foi. Cette liberté demeure la même; mais il était beau, il était nécessaire, peut-être, d'y renoncer pour se serrer plus étroitement autour du chef au jour du péril, et combattre avec plus d'ensemble et de succès les grands combats de la vérité. N'allez pas voir dans le dévouement de Mgr Gousset envers l'Eglise un embarras pour ses sentiments de patriotisme, ou un entraînement pour la modération de sa conduite. Le prince a trouvé en lui un fidèle sujet; le successeur de saint Remi n'a jamais manqué au successeur de Clovis. Aussi libéral envers les personnes qu'il est inébranlable dans les principes, il n'a rien d'agressif dans le caractère, rien d'absolu dans ses déterminations, rien d'outré dans ses démarches. Il se prête au temps; il se plie aux circonstances; il est de son siècle, et le connaît; il est de son pays, et

(1) Voir ses *Mandements et Instructions pastorales sur la religion, l'Eglise, le saint-siége, la souveraineté temporelle des papes*, etc., formant 1 volume in-4° d'environ 600 pages.

il s'en honore. C'est un esprit romain, mais c'est aussi un cœur français. Qu'on ne sépare jamais par d'odieuses défiances des devoirs qui se complètent l'un par l'autre. En France, qui dit un grand évêque dit par là même un grand citoyen.

Il lui eût manqué quelque chose si, avec cet esprit si juste et ce cœur si bien fait, il n'eût pas voué à la Franche-Comté un culte de reconnaissance et d'affection. De tous les hommes illustres qui ont achevé leur carrière loin de leur province natale, M⁸ʳ Gousset fut sans contredit celui qui nous demeura le plus sympathique au milieu des honneurs, et le plus attaché malgré l'éloignement. Besançon ne le revit qu'une seule fois, mais il saisit avec empressement l'occasion de vous serrer la main et de reprendre place dans cette Compagnie. C'était le jour même de votre séance publique, le 28 janvier 1845. Sa mère et sa paroisse le trouvèrent plus fidèle encore. Tant que sa mère vécut, les devoirs de la piété filiale l'appelèrent à Montigny presque tous les ans. Il y visitait ses amis, ses voisins, et il finissait, de proche en proche, par aller s'asseoir dans toutes les maisons du village. Vicaire général, évêque, archevêque, cardinal, c'était toujours « notre Thomas, » comme disait sa mère, tant il avait peu changé de caractère et d'allures sous la mitre et même sous la pourpre. Il a laissé les siens dans la condition modeste où Dieu les avait placés, trop simple et trop grand pour en rougir, trop juste pour les enrichir aux dépens des pauvres, trop délicat et trop scrupuleux pour faire servir son crédit à leur avancement dans le monde. Mais dans sa nombreuse parenté il avait distingué une de ses sœurs que je me reprocherais de ne pas nommer ici. Humble religieuse de la Sainte-Famille, elle est depuis 1820, à Noroy-lez-Jussey, l'institutrice du peuple et la providence des malades. Tous ceux qui connaissent sœur Sophie, retrouvent en elle le caractère, les sentiments, les traits du cardinal. Elle est comme lui pleine de sens, toujours bonne, hardie au besoin, et surtout populaire : c'est un autre lui-même. Que Dieu la conserve longtemps encore au peuple qui honore en elle toutes les vertus de l'illustre archevêque! La dernière fois que M⁸ʳ Gousset vint en Franche-Comté, il offrit à l'église de sa paroisse natale un autel en bronze, orné de statues et de bas-reliefs, et relevé par de somptueuses décorations. C'étaient le souvenir du berger de Montigny et le magnifique présent du prince de l'Eglise. Vesoul eut alors le bonheur de le posséder pendant deux jours. Il combla les vœux de tout le pays en assistant à la bénédiction de la chapelle de Notre-Dame de la Motte, faite le 9 août 1857 par M⁸ʳ Mathieu, au sommet de la montagne qui domine le chef-lieu de la Haute-Saône. Quinze mille fidèles attachaient tour à tour de pieux regards sur les deux cardinaux, s'estimant heureux et fiers de voir réunis dans la même pensée et aux pieds du même autel celui que l'Eglise de Reims avait déjà nommé un nouvel Hincmar, et celui que l'Eglise de Besançon appellera un jour un autre Hugues Ier.

Les dernières années de Mgr Gousset furent marquées, dans le diocèse de Reims, par des prodiges de générosité et de magnificence. On eût dit que, sentant sa fin approcher, il tenait à laisser à la science, aux pauvres, à l'Eglise, des gages encore plus tendres de son dévouement. Il voulut réunir un nouveau congrès archéologique et se féliciter, avec les savants qui étaient tous ses amis, des heureuses restaurations que l'architecture catholique a entreprises et consolidées dans la Champagne. L'assemblée de 1861 rappela celle de 1845 et constata un véritable progrès dans l'entente et l'application d'une science si profondément chrétienne et si utile à l'Eglise. On voyait autour du prélat plusieurs ecclésiastiques, soutenus par sa bienveillance, encouragés par son exemple, animés par ses bienfaits, prendre en main cette cause si longtemps oubliée et traiter les questions les plus difficiles avec méthode, avec chaleur et avec goût (1). Le cardinal avait ordonné des recherches dans toutes les paroisses de son vaste diocèse : « Déjà, disait-il en terminant la session, mon clergé s'en occupe, MM. les archiprêtres et MM. les doyens le seconderont de tout leur pouvoir; des statistiques seront imprimées. Je désire que bon nombre de mes prêtres fassent partie de la société archéologique française; enfin je fais des vœux pour le succès de la société et pour le bonheur de ses membres (2). »

A la satisfaction d'avoir formé un clergé instruit et ami de la science, se joignait celle de lui avoir rendu cher tout ce qu'il aimait lui-même. Quand il parlait de Rome et du pape, son cœur débordait, sa plume, d'ordinaire sévère et précise, se répandait en tendres effusions et devenait douce, onctueuse, entraînante. Après son dernier voyage de Rome, il veut raconter ses entrevues avec le pape, et il laisse tomber les lignes suivantes, qui semblent avoir été dictées par la sensibilité de Fénelon :

« Notre cœur et notre charge nous rappelaient parmi vous, nos très chers frères, et notre départ était résolu ; mais il nous restait le désir de

---

(1) M. l'abbé TOURNEUR, *Mémoires sur les vitraux de Saint-Remi* ; M. l'abbé DÉFOURNY, *Mémoire sur l'église abbatiale de Mouzon* ; M. l'abbé JACQUENET, *Mémoire sur la restauration de la cathédrale de Reims.*

(2) *Congrès archéologique de Reims.* 1861, n° 268.

voir encore une fois le saint-père et de l'entretenir de nouveau, comme
nous l'avions fait à notre arrivée. Sa Sainteté daigna, en effet, nous accor-
der une audience qui fut pour nous comme un congé d'adieu et qui nous
émut profondément. Jamais ce chef vénéré de la grande famille ne nous
avait paru plus affectueux, plus paternel; les circonstances au milieu desquelles nous allions nous éloigner de lui nous attachaient de plus en
plus à sa personne, et notre entretien se ressentit de cette impression in-
time et de ce sentiment irrésistible. Avec quelle touchante sollicitude et
quelle douce sérénité il nous parla des besoins de l'Eglise et des dangers
qui menacent les droits du siége apostolique! Avec quel intérêt bienveil-
lant il nous écoutait quand nous lui parlions de vous, de notre cher et
beau diocèse! Comme il s'est montré touché et reconnaissant lorsque nous
avons déposé à ses pieds le produit de vos dernières offrandes! Ah! vous
continuerez, nos très chers frères, à manifester envers lui les sentiments
de votre piété filiale et de votre religieuse libéralité! »

Pour lui, de généreux qu'il était, il devint prodigue. Il sentait peut-
être qu'il allait passer, et il voulait passer en faisant plus de bien. Il s'em-
presse, il se hâte, il sème; s'il ne peut recueillir, s'il ne peut tout achever,
il commence tout, comme pour entraîner l'avenir dans ses charitables
desseins, et régler d'avance les destinées de son diocèse. La chapelle de
son petit séminaire de Reims est inaugurée avec pompe; le couvent des
Salvatoristes s'ouvre sous ses auspices. L'autel du Rosaire, l'un des plus
beaux de sa cathédrale, est enrichi par ses soins de magnifiques statues;
l'église Saint-Thomas, pour laquelle il s'imposait d'immenses sacrifices,
est consacrée le 21 avril 1864; celle de Saint-André reçoit l'onction
sainte l'année suivante; encore un ou deux ans, et tous les faubourgs de
la vieille cité auront temple, école et cimetière. Rien n'est fait encore
dans le faubourg de Paris, mais le cardinal achète un terrain, lui donne
le nom de Sainte-Geneviève, et rêve, sous le patronage de cette puissante
bergère, de grands bienfaits pour ce nouveau quartier. Que dirai-je encore? A l'entrée de l'hiver, il veut que ses aumônes accoutumées soient
plus abondantes, et, songeant d'avance à ses obsèques, il fait une part
aux pauvres pour le jour où il entrera dans sa dernière demeure, comme
il la leur avait déjà faite, dans deux circonstances non moins solennelles,
le jour où il entra à Reims avec la crosse d'archevêque, et le jour où il y
parut avec la barette de cardinal.

L'âge, qui augmentait ainsi sa charité, n'ôta rien à son zèle. Ce fut, pour
ainsi dire, le second miracle de sa vieillesse de se ranimer et de reverdir
à la seule idée du devoir. Un malheureux ouvrier tisseur touchait à son

dernier jour. Il maudissait Dieu, la religion, la société, il voulait mourir sans prêtre. Seule auprès de lui, sa sœur le pressait doucement de mettre ordre à sa conscience. « Je t'en supplie, confesse-toi. — Non. — Mais au nom de Dieu, au nom du cardinal. — Le cardinal ! ah ! si tu obtiens de celui-là qu'il se dérange, je me confesserai. Mais il n'y a pas de risque qu'il vienne ici, ton cardinal ! » Quelques moments après, la pauvre femme racontait tout à l'archevêque. « Allons, partons, je vous suis, » fut sa seule réponse. Il entre dans la chambre du mourant. « Eh bien ! voici le cardinal, que vous avez demandé. » Mais la vue de la robe rouge avait déjà couvert l'ouvrier de confusion et d'étonnement. Il se met sur son séant, se confesse et meurt réconcilié avec Dieu et avec ses semblables. Le cardinal raconte ce trait, mais il ne veut pas qu'on l'admire. « Je n'ai fait que mon devoir, disait-il. » Quoi donc ! le faire si vite et si bien, n'est-ce pas le faire deux fois ?

Toutes les classes de la société racontent des anecdotes qui les intéressent et qui le peignent. Demandez aux écoliers des lycées et des colléges s'ils connaissent et s'ils aiment le cardinal Gousset. Ils vous diront que dans une distribution de prix, après le discours d'usage, ainsi nommé sans doute parce qu'il est d'usage de ne pas l'écouter, le prélat s'est levé et a réclamé la parole. « Moi aussi, a-t-il dit, je dois vous faire un discours en trois points. Le voici. Premier point, soyez sages ; second point, soyez sages ; troisième point, soyez sages. » Tout est dit, et l'orateur se rassied au milieu d'une triple salve d'applaudissements.

Les cultivateurs des Ardennes se souviennent avec non moins de charmes que d'émotion du spectacle que le cardinal leur a donné à Margut. Au moment où il venait de traverser tous les arcs de triomphe dressés sur son passage, il aperçut un garçon de ferme qui maniait maladroitement sa charrue. Il s'approche, prend le manche, enfonce l'instrument et trace un large sillon. C'était moins une leçon pratique d'agriculture qu'il voulait offrir qu'un exemple de modestie, car il rappelait ainsi son origine, ses premières occupations et le doux et salutaire souvenir que tout homme doit en conserver.

Après ce trait d'éloquence muette, permettez-moi de vous citer un trait d'éloquence parlée qui, pour être d'un goût douteux à l'Académie, ne manqua ni de caractère, ni surtout d'effet. Mgr Gousset bénissait, un jour, au sortir d'une église de campagne, la foule agenouillée à ses pieds. Un vieillard qui se tenait un peu en arrière et qui tremblait en pliant le genou, frappe ses yeux. Le prélat fend la presse et, lui tendant la main :

« Eh bien ! mon brave , il y a longtemps que nous voyageons, tous les deux ! — Oui, répond le vieillard, car j'ai servi. — Moi aussi , réplique le cardinal. » Et la foule surprise de répéter avec étonnement : « Le cardinal a servi ! » Mais le cardinal souriant : « Oui, mes amis, j'ai servi... la messe. » Après l'explosion de rires sympathiques provoqués par cette saillie un peu gauloise, l'archevêque s'adresse au vieillard : « Nous allons bientôt tirer tous les deux à une seconde conscription. » Et montrant le ciel : « Il s'agit d'obtenir là-haut un bon numéro. » A ce mot, le silence se fait , puis l'enthousiasme succède à la réflexion , et le prélat est porté en triomphe au presbytère.

Cette pensée du dernier appel, à laquelle l'archevêque revenait souvent, faisait craindre à son diocèse de le perdre bientôt. C'est pourquoi, avec la vague appréhension de ce malheur public, on ne pouvait se rassasier de le voir et de l'entendre. La santé de Mgr Gousset s'était affaiblie dès 1864 par l'excès du travail , et l'opinion en avait été profondément émue. Aussi, quand il reparut l'année suivante dans le département des Ardennes , l'empressement ne connut plus de bornes. On plantait quatre mille sapins d'un village à l'autre , le long des routes où il devait passer, pour qu'il n'y eût pas un seul endroit qui ne gardât le souvenir de cet heureux événement. Les inscriptions, les illuminations, les arcs de triomphe, signalaient son entrée dans les villes. Réthel, Sedan, Charleville, Mézières , rivalisaient entre elles de piété et d'ardeur pour faire voir qu'il était partout également aimé. A la gare de Charleville, il trouva toutes les troupes sous les armes , et les autorités du département à leur tête. Dans ces circonstances solennelles, la moindre parole tombée de sa bouche semblait le plus éloquent des discours. « Bonjour, mes enfants, » disait-il aux soldats qui lui présentaient les armes. A ces mots, simples comme sa pensée, affectueux et bons comme son cœur, une vive émotion s'emparait de la foule, le peuple l'acclamait, et le soldat, se souvenant tout à coup de son village et du jour de sa confirmation, sentait quelques larmes involontaires tomber de ses yeux, à la vue de celui qu'on appelait dans toute la contrée le père de l'ouvrier et du paysan.

Cependant, au commencement de l'automne dernier, l'ancienne capitale du comté de Champagne réunissait dans ses murs une foule innombrable, plus de sept cents prêtres, et à leur tête les évêques de Châlons, de Troyes et de Meaux, pour rouvrir le chœur de sa belle cathédrale, restauré à grands frais, et en consacrer le maître-autel. Mgr Gousset, malgré l'affaiblissement de sa santé, accepta de présider cette cérémonie.

Le P. Félix y prêcha avec son éloquence accoutumée, mais le sermon fini, il serait resté aux assistants un regret profond si l'archevêque de Reims n'eût fait entendre sa voix. Il appela les bénédictions de Dieu sur l'Eglise et sur l'Etat, avec cet accent profond, grave, pénétrant, qui savait si bien forcer la terre à la foi et le ciel à la miséricorde. Ce devait être le dernier vœu de son âme et le dernier effort de sa parole au milieu des assemblées chrétiennes, car il ne lui restait pas trois mois à vivre. Ses derniers actes épiscopaux furent deux lettres pastorales, l'une prescrivant des prières pour le pape, l'autre recommandant l'œuvre du denier de saint Pierre. Ce devoir accompli, il ne crut pas encore avoir assez fait pour l'Eglise, et il se mit à traduire une prière relative aux calamités présentes et répandue à Rome avec l'autorisation du souverain pontife. Puis, oubliant, sur les apparences d'une santé encore mal raffermie, les rigueurs naissantes de l'hiver, il songe à achever l'œuvre de ses statuts diocésains. Le jeudi 20 décembre 1866, veille de saint Thomas, le chapitre métropolitain, le clergé rémois, les supérieurs des communautés religieuses, le conseil de fabrique de la cathédrale, viennent lui présenter leurs vœux de bonne fête. Il les accueille avec un sourire, les remercie de leurs souhaits, parle aux uns du travail qu'il prépare, dit aux autres, faisant allusion aux combats qu'il pressent dans l'Eglise : « Priez mon saint patron de m'obtenir la grâce de l'imiter au besoin jusqu'au martyre. » Il avait invité son chapitre à dîner pour le dimanche. Ce devait être un jour de fête, la mort en fit un jour de deuil et prit seule place au festin. Le prélat avait déposé la plume chaque fois qu'un de ses prêtres l'avait abordé, mais il la reprenait dans l'intervalle des visites, avec cette facilité qui lui avait valu toute sa vie l'insigne bonheur de ne jamais perdre un moment. Le lendemain, il faut la quitter, mais ce n'est que parce qu'il faut mourir. En quelques heures, un malaise, d'abord inexplicable, se change en une affection pulmonaire, dont les progrès mettent en défaut toutes les ressources de l'art. Il reçoit les sacrements le 22 décembre à 10 heures du matin, et s'éteint le soir même, sans angoisses, sans agonie, dans une mort qui vient à lui cachée sous l'ombre rapide, mais discrète, d'un paisible sommeil.

Je renonce à vous peindre l'émotion causée par cette nouvelle. A Reims, à Paris, à Besançon, à Rome, partout le même étonnement, disons mieux, la même stupeur. On eût dit que la mort venait de frapper le conseil, l'appui, l'affection et la dignité de tous. Sept jours s'écoulent avant les obsèques : ce sont pour son diocèse sept jours de regrets et de larmes, pour la ville de Reims sept jours de recueillement. Je n'en citerai qu'un trait : Un des juges de paix essayait, mais en vain, de concilier les parties appelées devant lui. Tout à coup ce magistrat s'avise d'invoquer la grande mémoire du cardinal. A ce mot, les deux plaideurs se taisent ; puis, tombant d'accord : « Monsieur le juge , s'écrient-ils, faites comme vous l'entendrez ! » Quel triomphe pour ce cercueil ! Quel touchant hommage déposé aux pieds inanimés de ce pasteur des âmes ! — Hommes, femmes, enfants, vieillards, toute la ville allait alors à l'archevêché comme en pèlerinage. Une femme du peuple, d'un très grand âge, fait une chute au milieu de tout ce monde : « Il en arrivera ce que Dieu voudra, dit-elle à ceux qui la relèvent, j'ai eu du moins le bonheur de voir encore une fois le cardinal. » Pendant ce temps-là, la cathédrale fait les préparatifs des obsèques, et les curieux la visitent pour s'assurer si elle sera digne du grand archevêque à qui elle va s'ouvrir pour la dernière fois : « Sais-tu ce qu'on fait là ? dit un ouvrier à un de ses camarades. Eh bien ! c'est le commencement d'une canonisation. »

Ce mot est comme le résumé de la cérémonie, qui fut plutôt spontanée et toute populaire qu'officielle et conforme aux règles. La douleur avait fait place à l'admiration, je dirai presque à l'enthousiasme. Des prêtres et des évêques, accourus des extrémités de la France, viennent saluer encore une fois, les uns un vieux maître, les autres un vieil ami. Toutes les dignités de l'Eglise s'échelonnent autour de sa dépouille mortelle. C'est le cardinal de Bonnechose, archevêque de Rouen, qui mène ses funérailles triomphales, et ce prince de l'Eglise est lui-même un élève de Mgr Gousset. Toutes les voix s'unissent pour louer le défunt : c'est le préfet de la Marne qui, avant le départ du corps, veut déclarer que si l'Eglise perd une de ses illustrations, Reims perd un conseil, la France un grand citoyen, et que d'augustes regrets, dont il se fait l'interprète, se mêlent à ceux de la patrie ; c'est le sous-préfet de Reims qui déplore, au nom de l'académie, la perte de son fondateur, mais qui le félicite d'avoir supporté les dignités pendant sa vie, en restant lui-même, et d'être mort comme tout prêtre doit mourir, sans argent et sans dettes ; c'est l'évêque de Beauvais qui peint, du haut de la chaire métropolitaine, avec une parole pleine de larmes, d'onction et d'entraînement, le docteur, l'évêque et le père. Mais l'office est fini, il faut partager ces vénérables restes entre les deux églises qui semblent y avoir le plus de droits. La métropole garde le cœur qui battait si haut pour sa gloire ; le corps appartient à l'église de Saint-Thomas, c'est là que le cardinal veut attendre la résurrection, au milieu de ses chers ouvriers. Le cortége se forme pour l'y transporter. Toutes les maisons sont revêtues de tentures de deuil, partout les réverbères sont allumés et garnis de crêpes, des milliers de spectateurs se penchent aux fenêtres, montent sur les toits et les terrasses, ou couvrent les arbres d'où l'on peut apercevoir encore le bon cardinal. On disait dans cette foule naïve : « C'est bien : Monsei-» gneur est honoré comme il eût désiré l'être ; que ne peut-il revenir un » moment pour voir son triomphe ! » Les étrangers, profondément émus par cette manifestation solennelle, hésitent à en croire leurs yeux, et comprennent mieux que jamais tout ce qu'a été l'archevêque de Reims, tout ce qu'il a fait de sa ville et de son diocèse. Arrivé sous les voûtes de Saint-Thomas, le cortége s'arrête, et le maire, regardant une dernière fois ce prélat bien-aimé qui tenait une si grande place dans la société moderne, termine en ces mots le pathétique adieu qu'il lui adresse au nom de la cité : « Eminence, vous demeurerez à jamais cher aux Rémois. » Mais l'oraison funèbre prononcée par les ouvriers du quartier Saint-Thomas dépasse toutes les autres. Ils disent avec bonheur et fierté en regardant ce corps confié à leur garde, dans lequel ils voient d'avance une relique : « Nous avons maintenant notre saint Remi. »

Nous venons dire à notre tour, en nous inclinant devant cette tombe lointaine : «Cher et vénéré maître, agréez, au nom d'une Compagnie qui vous fut chère, l'hommage d'une voix que vous n'avez jamais entendue ; mais vos livres vous ont donné des disciples ignorés, votre cœur des amis inconnus. J'ai essayé de retracer ici bien moins ce que vous avez été que ce que vous avez fait. Archevêque, cardinal, légat-né du saint-siége, commandeur de la Légion d'honneur, sénateur de l'empire, tous ces titres ont été effacés sous la main de la mort ; nous ne voulons donc rien voir en vous de ce que la mort y efface, et il nous reste votre nom, vos bienfaits, vos immortels ouvrages. C'en est assez pour expliquer à jamais cette gerbe d'or que vous aviez mise dans vos armes en souvenir de votre naissance, et ces paroles de l'Apôtre que vous aviez choisies pour devise, en vous encourageant au travail : *Quæ seminaverit homo, hæc et metet :* l'homme recueille ce qu'il a semé. Ce grain de la bonne science a germé partout, et jamais moisson n'a fleuri plus abondante ni plus belle dans l'humble champ que vous labouriez de vos mains aux jours de votre jeunesse. La gerbe mûrie vient de tomber sous la faucille, mais elle rayonne dans toute sa gloire. C'est pour la catholicité tout entière les livres d'un grand docteur, pour l'Eglise de Reims les œuvres d'un saint évêque, pour cette province, ce séminaire, cette Compagnie, l'impérissable souvenir de celui qui, après avoir été le meilleur des maîtres, est demeuré le plus sincère et le plus fidèle ami. »

BESANÇON, IMPRIMERIE DE J. JACQUIN.

* 9 7 8 2 0 1 2 9 6 6 1 1 6 *